ANNA WALZ

HEALTHY FASTFOOD

FOTOGRAFIE: KATRIN WINNER, COCO LANG

INHALT

Öffnen Sie die Klappen dieses Buches.
Dort finden Sie die wichtigsten Infos zum Thema auf einen Blick!

DAS PRINZIP:
HEALTHY
FASTFOOD

DIE PERFEKTEN
POMMES

Immer griffbereit:

SO GEHT'S:
GLÄSER
STERILISIEREN

Immer griffbereit:

SO GEHT'S:
HEALTHY
SNACK HACKS

**GU
CLOU**

Wussten Sie schon, dass …?
Entdecken Sie bei einigen ausgewähl-
ten Rezepten ganz besondere Tipps
mit verblüffendem Insiderwissen.
Aha-Momente garantiert!

Mit diesem Symbol sind alle vegetarischen
Gerichte gekennzeichnet.

Die Backzeiten können je nach Herd variie-
ren. Unsere Temperaturangaben beziehen
sich auf das Backen im Elektroherd mit
Ober- und Unterhitze.

Sammeln Ihrer Lieblingsrezepte
mit der »GU Kochen Plus«-App
(siehe S. 64)

REZEPTKAPITEL

06 SNACKS & BEILAGEN

22 HAUPTGERICHTE

48 SÜSSES & GEBÄCK

ANNA WALZ

Knusprig, süß und fettig – klassisches Fastfood macht kurzfristig glücklich, zu viel davon ist aber langfristig ungesund. Dennoch müssen Sie auf diesen Genuss nicht verzichten. Wie Sie gesündere Alternativen von bekannten Fastfood-Gerichten zaubern können, zeigt Ihnen Rezeptentwicklerin Anna.

Warum stehen wir auf Fastfood?

Fett, Zucker, kaum Nährstoffe und zu viel Salz – Fastfood hat nicht gerade einen guten Ruf. Warum essen wir es dann überhaupt? Ganz einfach, weil es unsere Geschmacksknospen glücklich macht. Meine jedenfalls! Die Pommes im Schwimmbad, die Pizza vom Italiener um die Ecke und die Gerichte vom Asia-Takeaway sind für mich Wohlfühlessen. Gerichte, auf die ich richtig Lust habe, nach deren Genuss ich mich aber nicht unbedingt gut fühle. Geht das vielleicht auch anders?

Wie wird Fastfood »healthy«?

Um nach einem Burger mit Pommes nicht gleich ein schlechtes Gewissen zu haben, braucht es gar nicht viel. Vor allem Salz, reichlich Zucker und fehlende Ballaststoffe lassen uns nach dem Essen aufgebläht und müde werden. Kocht man Fastfood dagegen selbst, kann man Salz reduzieren, weißen Zucker gegen gesunde Alternativen tauschen und Nährstoffe aus frischem Obst, Gemüse und anderen naturbelassenen Zutaten einbauen.

Ist das dann noch »Fast«-food?

Das kommt darauf an. Natürlich ist es aufwendiger einen Burger selbst zu braten als ihn liefern zu lassen. Aber die Zubereitung lässt sich durch schlaue Planung, gute Vorbereitung und mit schlichten Hilfsmitteln einfacher gestalten. So kann man Zeit sparen und sich öfter mal ein Fastfood-Gericht gönnen, auf das man Appetit hat. Und das ohne, dass einen danach der Blähbauch und das schlechte Gewissen einholen. Probieren Sie es aus!

SPICY MANDELN
MIT 5 ZUTATEN

2 EL Butter in einem kleinen
Topf schmelzen.

Geschmolzene Butter, 1 EL Sriracha-
Sauce, 1 ½ TL flüssigen Honig und
1 TL Salz in einer Schüssel verrühren.

200 g Mandeln untermischen.

*Den Backofen auf 180° vorheizen.
Die Mandeln auf einem mit Backpapier belegten Backblech verteilen.
Im Ofen (Mitte) ca. 10 Min. rösten,
dabei nach ca. 5 Min. durchrühren.
Herausnehmen und abkühlen lassen, dabei wird die Kruste knusprig. Reicht für 4 Personen.*

SNACKS & BEILAGEN

BUNTE GEMÜSECHIPS ❧

BALLASTSTOFFREICH

FÜR DIE GEMÜSECHIPS
200 g Süßkartoffeln
200 g Rote Bete
4 EL Olivenöl

FÜR DAS KRÄUTERSALZ
4 Zweige Thymian
1 TL granulierter Knoblauch
Meersalz

GUT ZU WISSEN
Zum Schälen und Hobeln der Rote-Bete-Knollen am besten Einweghandschuhe anziehen und die Süßkartoffeln getrennt davon verarbeiten. Denn der Rote-Bete-Saft färbt stark und hinterlässt unschöne Flecken auf Händen und Süßkartoffel-scheiben.

GEMÜSECHIPS: Den Backofen auf 130° (Umluft) vorheizen, zwei Backbleche mit Backpapier belegen. Die Süßkartoffeln schälen und mit einem Gemüsehobel oder Messer in dünne Scheiben schneiden. Danach die Rote Bete schälen und ebenfalls in dünne Scheiben schneiden. Die Scheiben mit Küchenpapier sorgfältig trocken tupfen. Rote-Bete- und Süßkartoffelscheiben getrennt in zwei Schüsseln mit je 2 EL Olivenöl vermischen. Die Scheiben dann nebeneinander in einer Lage auf jeweils einem Backblech verteilen.

Die Gemüsescheiben im Ofen (oben und unten) in 30–40 Min. knusprig backen, dabei nach der Hälfte der Backzeit einmal wenden. Während der gesamten Backzeit den Stiel eines Holzkochlöffels in die Backofentür klemmen, damit sie einen Spalt offen steht und der Dampf entweichen kann.

KRÄUTERSALZ: Den Thymian waschen und trocken schütteln. Die Blättchen abzupfen und fein hacken. Thymian, Knoblauch und 2 TL Meersalz vermischen.

FERTIGSTELLEN: Die Chips aus dem Ofen nehmen und in einer großen Schüssel vorsichtig mit dem Kräutersalz mischen. Danach abkühlen lassen, dabei werden die Chips noch etwas knuspriger. Sofort servieren oder zum Aufbewahren in eine luftdicht schließende Dose oder einen Ziplock-Beutel füllen.

Für 20 Stück • 40 Min. Zubereitung • Pro Stück ca. 130 kcal, 6 g EW, 8 g F, 9 g KH

CHICKEN-NUGGETS

FÜR KINDER

100 g Cornflakes (ohne Zucker)
70 g gehackte Mandeln
80 g Dinkelmehl (Type 630)
Salz
Pfeffer
2 Eier (M)
250 g Hähnchenbrustfilet
6 EL Butterschmalz

1 Die Cornflakes grob zerbröseln und mit den Mandeln in einer Schüssel mischen. Das Mehl in eine weitere Schüssel füllen und mit Salz und Pfeffer würzen. Die Eier in einer dritten Schüssel verquirlen.

2 Das Hähnchenfilet trocken tupfen und in 16 Stücke (ca. 4 × 4 cm) schneiden. Die Filetstücke jeweils zuerst im Mehl, dann in den Eiern und zuletzt in der Cornflakes-Mandel-Mischung wenden.

3 In einer großen Pfanne 3 EL Butterschmalz erhitzen. Die Chicken-Nuggets darin eventuell in zwei Portionen bei mittlerer Hitze in ca. 4 Min. pro Seite goldgelb ausbacken. Nach der Hälfte der Zeit das restliche Butterschmalz (3 EL) zugeben. Die Nuggets auf Küchenpapier entfetten und servieren.

*Für 4 Personen • 10 Min. Zubereitung • 1 Std. Wässern • 35 Min. Backen •
Pro Portion ca. 265 kcal, 5 g EW, 13 g F, 31 g KH*

KNUSPRIGE KARTOFFELSPALTEN 🍃

GRUNDREZEPT

*1 kg mehligkochende Kartoffeln
5 EL Rapsöl
3 TL Paprikapulver
½ TL gemahlener Koriander
Salz
Pfeffer*

1 Die Kartoffeln schälen und in Spalten schneiden. Die Kartoffelspalten ca. 1 Std. in kaltes Wasser legen. Danach in ein Sieb abgießen und mit Küchenpapier sorgfältig trocken tupfen.

2 Den Backofen auf 180° (Umluft) vorheizen, zwei Backbleche mit Backpapier belegen. Die Kartoffelspalten mit Öl, Paprikapulver, Koriander, Salz und Pfeffer in einer Schüssel vermischen. Dann nebeneinander in einer Lage auf den Backblechen verteilen.

3 Die Kartoffeln im Ofen (oben und unten) ca. 30 Min. backen. Dabei nach der Hälfte der Backzeit einmal wenden. Zum Schluss die Ofentemperatur auf 220° erhöhen und die Kartoffelspalten noch ca. 5 Min. weiterbacken, bis sie knusprig sind. Aus dem Ofen nehmen und sofort servieren.

Für 4 Personen • 30 Min. Zubereitung • 1 Std. Wässern • 35 Min. Backen •
Pro Portion ca. 285 kcal, 3 g EW, 9 g F, 48 g KH

SÜSSKARTOFFEL-POMMES AUS DEM BACKOFEN 🌿

EINFACH

800 g Süßkartoffeln
3 EL Speisestärke
2 TL granulierter Knoblauch
2 TL edelsüßes Paprikapulver
3 EL Olivenöl
Salz

DAZU PASST

Eine schnelle Sauerrahmcreme zum Dippen. Dafür 200 g saure Sahne mit der abgeriebenen Schale von 1 Bio-Zitrone und 1 Prise Chiliflocken verrühren. Mit Salz abschmecken.

1 Die Süßkartoffeln schälen. Zuerst längs in ca. 5 mm dicke Scheiben, dann in ca. 5 mm dicke Stifte schneiden. Die Stifte ca. 1 Std. in kaltes Wasser legen. Danach in ein Sieb abgießen und nochmals abspülen. Mit einem Geschirrtuch sorgfältig trocken tupfen und in eine große Schüssel geben.

2 Den Backofen auf 200° (Umluft) vorheizen, zwei Backbleche mit Backpapier belegen. Speisestärke, Knoblauch und Paprikapulver verrühren. Das Olivenöl über die Süßkartoffeln träufeln und untermischen. Die Süßkartoffeln mit der Gewürzmischung bestreuen, mit Salz würzen und gut vermischen. Die Stifte dann nebeneinander in einer Lage auf den Backblechen verteilen.

3 Die Süßkartoffelstifte im Ofen (oben und unten) in ca. 35 Min. knusprig backen. Dabei die Pommes nach der Hälfte der Backzeit einmal wenden. Die Süßkartoffel-Pommes aus dem Ofen nehmen und sofort servieren.

Für 2 Gläser (à 400 ml Inhalt) • 15 Min. Zubereitung • 30 Min. Kochen •
Pro Portion (20 g) ca. 20 kcal, 0 g EW, 0 g F, 4 g KH

BBQ-KETCHUP 🌿

FÜR DEN VORRAT

1 Stück Ingwer (5 cm lang)
6 Knoblauchzehen
800 ml Apfelsaft
80 g Tomatenmark
2 EL Rohrohrzucker
2 Msp. geräuchertes Paprika-
   pulver
2 EL Sojasauce
2 EL Speisestärke

AUSSERDEM
2 Schraubgläser (à 400 ml
   Inhalt)

1 Den Ingwer schälen und fein reiben. Den Knoblauch schälen und in grobe Würfel schneiden. Ingwer, Knoblauch, Apfelsaft, Tomatenmark, Zucker, Paprikapulver und Sojasauce in einem Topf vermischen. Unter Rühren aufkochen, dann zugedeckt bei kleiner Hitze ca. 25 Min. köcheln lassen.

2 Das Ketchup vom Herd nehmen und im Topf mit einem Pürierstab fein mixen. (Vorsicht, es ist sehr heiß!) Die Speisestärke mit 1–2 EL Wasser verrühren. Mit einem Schneebesen in das heiße Ketchup rühren und dieses nochmals ca. 1 Min. aufkochen.

3 Das Ketchup heiß in die sterilisierten Schraubgläser füllen und verschließen. Die Gläser ca. 2 Min. kopfüber auf ein Geschirrtuch stellen, danach vollständig auskühlen lassen. Das Ketchup hält sich im Kühlschrank bis zu 2 Monate.

Für 1 Glas (350 ml Inhalt) • 25 Min. Zubereitung • 15 Min. Kochen •
Pro Portion (20 g) ca. 60 kcal, 0 g EW, 0 g F, 15 g KH

MANGO-CHILI-SAUCE 🍃

SCHARF

4 rote Peperoni
1 rote Chilischote
1 Stück Ingwer (7 cm lang)
4 Knoblauchzehen
200 g Rohrohrzucker
1 Sternanis
2 Zitronen
½ Mango
2 EL Speisestärke

AUSSERDEM
1 Schraubglas (350 ml Inhalt)

1 Peperoni und Chilischote waschen und in Ringe schneiden. Ingwer schälen und fein reiben. Knoblauch schälen und würfeln. Peperoni, Chili, Ingwer, Knoblauch, Zucker, Sternanis und 200 ml Wasser in einem Topf unter Rühren aufkochen und offen bei kleiner bis mittlerer Hitze ca. 15 Min. einköcheln lassen.

2 Inzwischen die Zitronen auspressen, die Mango schälen und das Fruchtfleisch fein würfeln. Die Sauce vom Herd nehmen, den Sternanis entfernen, den Zitronensaft zugießen und mit einem Pürierstab grob mixen. Zurück auf den Herd stellen und die Mangowürfel einrühren. Die Stärke mit 1–2 EL Wasser verrühren, mit einem Schneebesen in die Sauce rühren und diese nochmals ca. 1 Min. aufkochen.

3 Die Sauce heiß in das sterilisierte Schraubglas füllen, verschließen und ca. 2 Min. kopfüber auf ein Geschirrtuch stellen. Dann auskühlen lassen. Die Sauce hält sich im Kühlschrank mindestens 1 Monat.

Für 4 Personen • 25 Min. Zubereitung • Pro Portion ca. 215 kcal, 2 g EW, 20 g F, 7 g KH

GRANATAPFEL-GUACAMOLE 🌿

VITAMINREICH

½ Granatapfel
1 kleine rote Zwiebel
½ rote Chilischote
1 Limette
2 Avocados
Salz
Pfeffer

1 Den Granatapfel aufbrechen und die Kerne zwischen den weißen Häutchen herauslösen. Dabei die Kerne am besten in einer Schüssel unter Wasser herauslösen, damit keine Spritzer entstehen.

2 Die Zwiebel schälen und in feine Würfel schneiden. Die Chilischote waschen, halbieren, weiße Trennwände und Kerne entfernen. Die Hälften fein hacken. Die Limette auspressen.

3 Die Avocados halbieren und entsteinen. Das Fruchtfleisch mit einem Löffel aus der Schale lösen und in einer Schüssel mit einer Gabel fein zerdrücken. Granatapfelkerne, Zwiebel- und Chiliwürfel und Limettensaft untermischen. Die Guacamole zuletzt mit Salz und Pfeffer abschmecken und servieren.

Für 1 Glas (200 ml Inhalt) • 10 Min. Zubereitung • Pro Portion (20 g) ca. 95 kcal, 0 g EW, 10 g F, 0 g KH

VEGANE MAYONNAISE 🍃

GRUNDREZEPT

*50 ml kalter Haferdrink
(ersatzweise Sojadrink)
100 ml Rapsöl
1 TL Zitronensaft
1 TL mittelscharfer Senf
1 Prise Rohrohrzucker
Salz*

AUSSERDEM
1 Schraubglas (200 ml Inhalt)

1 Haferdrink, Öl, Zitronensaft, Senf, Zucker und 1 Prise Salz in einen hohen Rührbecher geben. Einen Pürierstab auf den Boden des Bechers stellen und alles mixen, bis eine cremige Mayonnaise entsteht. Dabei den Pürierstab langsam nach oben ziehen.

2 Die Mayonnaise nach Belieben nochmals mit Salz abschmecken und in das sterilisierte Schraubglas füllen. Die Mayonnaise hält sich im Kühlschrank mindestens 1 Woche.

Für 12 Stück • 25 Min. Zubereitung • 1 Std. 30 Min. Ruhen • 22 Min. Backen •
Pro Stück ca. 240 kcal, 8 g EW, 8 g F, 34 g KH

BRIOCHE-BURGER-BUNS 🍃

KLASSIKER

50 g Butter
21 g frische Hefe (½ Würfel)
2 Eier (M)
20 g Rohrohrzucker
350 ml lauwarme Milch
300 g Vollkorn-Dinkelmehl
275 g Weizenmehl (Type 550)
Salz
4 EL Sesam

AUSSERDEM
Mehl zum Arbeiten

1 Butter schmelzen, Hefe zerbröseln. Butter, Hefe, 1 Ei und Zucker in die Milch rühren und ca. 5 Min. ruhen lassen. Beide Mehlsorten und 1 ½ TL Salz in der Schüssel der Küchenmaschine mit Knethaken mischen. Die Hefemilch zugießen und alles in ca. 5 Min. zu einem glatten Teig verkneten. Die Schüssel mit Frischhaltefolie oder einem Geschirrtuch abdecken und den Teig ca. 45 Min. gehen lassen.

2 Zwei Backbleche mit Backpapier belegen. Den Teig auf der bemehlten Arbeitsfläche in 12 Stücke teilen. Diese rund rollen und mit etwas Abstand auf die Bleche setzen. Die Brötchen abdecken und nochmals ca. 45 Min. gehen lassen.

3 Den Backofen auf 170° (Umluft) vorheizen. Das restliche Ei verquirlen. Die Brötchen damit bestreichen und mit Sesam bestreuen. Im Ofen (oben und unten) in 20–22 Min. hellbraun backen. Auf einen Rost setzen, mit einem Geschirrtuch abdecken und auskühlen lassen.

Für 4 Stück • 15 Min. Zubereitung • 40 Min. Backen • Pro Stück ca. 165 kcal, 13 g EW, 12 g F, 2 g KH

OOPSIE-BUNS 🍃

LOW CARB

4 Eier (M)
Salz
80 g Frischkäse
40 g geriebener Parmesan
2 EL Kokosmehl
2 EL Sesam

1 Den Backofen auf 180° vorheizen, zwei Backbleche mit Backpapier belegen. Die Eier trennen, die Eiweiße mit 1 Prise Salz steif schlagen. Die Eigelbe mit Frischkäse und Parmesan cremig rühren. Das Kokosmehl unterrühren. Dann den Eischnee portionsweise mit einem Schneebesen behutsam unter die Käsecreme heben.

2 Jeweils 2–3 EL Teig in 8 Häufchen auf die Backbleche setzen. Dabei reichlich Abstand zwischen den Häufchen lassen, da der Teig noch aufgeht. Die Hälfte der Häufchen mit Sesam bestreuen.

3 Die Teighäufchen nacheinander im Ofen (Mitte) in jeweils 15–20 Min. goldbraun backen. Aus dem Ofen nehmen und auf einem Rost auskühlen lassen. Jeweils 1 Hälfte mit Sesam und 1 Hälfte ohne Sesam zu einem Brötchen zusammensetzen.

Für 4 Personen • 15 Min. Zubereitung • 6 Std. Kühlen • Pro Portion ca. 130 kcal, 1 g EW, 0 g F, 27 g KH

GRAPEFRUIT-VANILLE-LIMO 🌿

GUT VORZUBEREITEN

1 Vanilleschote
4 EL Ahornsirup
4 pinke Grapefruits
2 Bio-Zitronen
4 Zweige Thymian
400 ml gekühltes Mineral-
   wasser mit Kohlensäure

AUSSERDEM
1 Glasflasche mit Verschluss
   (1 l Inhalt)

1 Die Vanilleschote längs aufschneiden und das Mark herausschaben. Vanillemark und Ahornsirup verrühren und die Vanilleschote hineingeben. Grapefruits auspressen, 1 Zitrone auspressen. Den Thymian waschen und trocken schütteln.

2 Vanille-Ahornsirup-Mix, Grapefruit- und Zitronensaft in einem hohen Becher oder einer Schüssel verrühren. Die Thymianzweige zugeben und die Mischung abgedeckt mindestens 6 Std. kühlen.

3 Thymian und Vanilleschote entfernen. Die Saftmischung in die sterilisierte Flasche füllen und das Mineralwasser dazugießen. Die übrige Zitrone heiß abwaschen, abtrocknen und in dünne Scheiben schneiden. Die Scheiben auf vier Gläser verteilen, die Grapefruit-Limo in die Gläser gießen und kalt servieren.

Für 4 Personen • 10 Min. Zubereitung • 2 Std. Kühlen • Pro Portion ca. 85 kcal, 0 g EW, 0 g F, 20 g KH

RHABARBER-EISTEE 🍃

SOMMER-REZEPT

2 EL schwarze Teeblätter
   (ersatzweise 3 Teebeutel)
8 Stängel Minze
500 ml Rhabarber-Direktsaft
3 EL Ahornsirup
1 Bio-Orange
2 Handvoll Eiswürfel

AUSSERDEM
1 Glasflasche mit Verschluss
   (1 l Inhalt)

1 Die Teeblätter in ein Teesieb füllen und dieses in eine Teekanne hängen. 500 ml Wasser aufkochen, darübergießen und den Tee ca. 3 Min. ziehen lassen. Inzwischen die Minze waschen und trocken schütteln. Das Teesieb entfernen, 4 Minzestängel zum Tee geben und diesen abkühlen lassen.

2 Abgekühlten Tee, Rhabarbersaft und Ahornsirup in einem hohen Becher oder einer Schüssel mischen. Die Teemischung in die sterilisierte Flasche füllen und mindestens 2 Std. kühlen.

3 Die Orange heiß abwaschen, abtrocknen und in dünne Scheiben schneiden. Orangenscheiben, Eiswürfel und die restlichen 4 Minzestängel auf vier Gläser verteilen. Den Rhabarer-Eistee in die Gläser gießen und sofort servieren.

HAUPTGERICHTE

GEBRATENER REIS MIT TOFU ◖

KLASSIKER AUS ASIEN

400 g Jasmin-Reis (ersatzweise
    Langkorn-Reis)
Salz
300 g Möhren
3 Frühlingszwiebeln
1 Stück Ingwer (3 cm lang)
1 Bio-Limette
4 EL Sojasauce
6 EL Sweet-Chili-Sauce
3 Knoblauchzehen
400 g Tofu
5 EL Kokosöl
4 Eier (M)

AUSSERDEM
4 Holzspieße

TAUSCH-TIPP
Mit Steak-Spießen schmeckt
dieses Gericht auch Fleisch-
Fans. Dafür 400 g Rumpsteak
in Würfel schneiden, auf die
Spieße stecken, salzen und wie
beschrieben braten.

1 Den Reis nach Packungsangabe in Salzwasser garen. Inzwischen Möhren schälen und grob reiben. Frühlingszwiebeln
putzen, waschen und schräg in Ringe schneiden. Ingwer schälen
und fein raspeln. Limette heiß abwaschen und abtrocknen. Die
Schale abreiben, den Saft auspressen. Ingwer, Limettenschale
und -saft, Sojasauce, 3 EL Sweet-Chili-Sauce und 3 EL Wasser
verrühren. Den Knoblauch schälen und zur Sauce pressen.

2 Den Tofu trocken tupfen und in 20 Würfel schneiden.
Je 5 Würfel auf 1 Holzspieß stecken und rundherum salzen.

3 In einem Wok oder einer großen Pfanne 3 EL Kokosöl erhitzen. Reis und Möhrenraspel darin ca. 10 Min. unter gelegent-
lichem Rühren anbraten. In einer zweiten Pfanne 1 EL Öl erhitzen und die Spieße darin bei starker Hitze rundum in 5–6 Min.
knusprig braten. Die restliche Sweet-Chili-Sauce (3 EL) zugeben,
die Spieße darin wenden und die Pfanne vom Herd nehmen.

4 Die Sauce zum Reis gießen und ca. 2 Min. mitgaren. Die Eier
verquirlen. Den Reis am Rand des Woks zusammenschieben, sodass eine freie Fläche in der Mitte entsteht. Restliches Öl (1 EL)
darin schmelzen, die Eiermasse zugießen und unter Rühren
gerade eben stocken lassen. Das Rührei unter den Reis rühren.

5 Den Reis auf vier Schalen verteilen und je 1 Spieß darauf
anrichten. Mit den Frühlingszwiebelringen bestreut servieren.

Für 4 Personen • 40 Min. Zubereitung • Pro Portion ca. 785 kcal, 33 g EW, 40 g F, 72 g KH

RINDFLEISCH-BOWL

FÜR GÄSTE

300 g Langkorn-Reis
Salz
1 Dose Kidneybohnen
   (225 g Abtropfgewicht)
2 Bio-Limetten
1 kleine rote Zwiebel
2 Avocados
4 Tomaten
3 Knoblauchzehen
1 rote Chilischote
2 EL Öl
400 g Rinderhackfleisch

UND DAZU
Zur Bowl noch eine Schale mit 200 g Tortillachips auf den Tisch stellen. Sie sorgen für den richtigen Crunch und passen perfekt zu diesem mexikanisch inspirierten Fastfood.

1 Den Reis nach Packungsangabe in Salzwasser garen. Inzwischen die Kidneybohnen in ein Sieb abgießen, kalt abspülen und abtropfen lassen. Die Limetten heiß abwaschen und abtrocknen. Die Schale abreiben, den Saft auspressen.

2 Zwiebel schälen und in feine Streifen schneiden. Die Streifen mit ein Viertel vom Limettensaft und 1 Prise Salz mischen. Avocados halbieren und entsteinen. Das Fruchtfleisch mit einem Löffel aus der Schale lösen und würfeln. Tomaten waschen, halbieren und die Stielansätze entfernen. Die Tomaten in feine Würfel schneiden. Zwiebel, Avocado- und Tomatenwürfel mischen. Die Salsa mit Salz abschmecken.

3 Den Knoblauch schälen und 2 Zehen zum gegarten Reis pressen. Bohnen, Limettenschale und restlichen Limettensaft unterrühren. Den Reis mit Salz abschmecken.

4 Chilischote waschen, halbieren, weiße Trennwände und Kerne entfernen. Die Hälften fein hacken. Das Öl in einer Pfanne erhitzen. Hackfleisch und Chili darin bei großer Hitze unter Rühren in ca. 8 Min. krümelig braten. Die restliche Knoblauchzehe dazupressen und 1–2 Min. mitbraten. Salzen.

5 Den Reis auf vier Schalen verteilen. Gebratenes Hackfleisch und Avocado-Tomaten-Salsa darauf anrichten und servieren.

CALIFORNIA BOWL

EXOTISCH

300 g Sushi-Reis
2 Bio-Limetten
2 EL Rohrohrzucker
Salz
2 Mangos
½ Bund Koriandergrün
2 Avocados
Pfeffer
4 EL Sojasauce
7 EL Sweet-Chili-Sauce
500 g Lachsfilet ohne Haut
2 EL Öl
3 EL vegane Mayonnaise

GUT ZU WISSEN

Sweet-Chili-Sauce gibt es in Asia- und Supermärkten fertig zu kaufen. Besser schmeckt die Sauce aber selbst gemacht. Einfach mal die Mango-Chili-Sauce im ersten Kapitel testen.

1 Den Reis nach Packungsangabe in ca. 20 Min. garen. Inzwischen die Limetten heiß abwaschen und abtrocknen. Von 1 Limette die Schale abreiben, dann beide Früchte auspressen. 2 EL Limettensaft, Zucker und 2 TL Salz verrühren. Den gegarten Reis mit einer Gabel auflockern, den gewürzten Saft unterrühren und abkühlen lassen.

2 Die Mangos schälen, das Fruchtfleisch vom Stein schneiden und klein würfeln. Das Koriandergrün waschen, trocken schütteln und die Blätter fein schneiden. Mangowürfel, Koriandergrün und die Hälfte des übrigen Limettensafts mischen. Die Mango-Salsa mit Salz abschmecken.

3 Die Avocados halbieren und entsteinen. Das Fruchtfleisch mit einem Löffel aus der Schale lösen und in eine Schüssel geben. Den restlichen Limettensaft zufügen und die Avocado mit einer Gabel fein zerdrücken. Mit Salz und Pfeffer würzen.

4 Sojasauce und 6 EL Sweet-Chili-Sauce verrühren. Den Lachs kalt abbrausen, trocken tupfen und in 4 Stücke schneiden. Das Öl in einer Pfanne erhitzen und den Lachs darin von jeder Seite ca. 3 Min. braten. Die Sauce zugießen und in 3–4 Min. einkochen lassen, dabei den Lachs nochmals wenden.

5 Die Mayonnaise mit Limettenschale und restlicher Sweet-Chili-Sauce (1 EL) verrühren. Den Reis auf vier Schalen verteilen. Mango-Salsa, Avocadocreme und Lachs darauf anrichten. Mit der Mayonnaise beträufeln und sofort servieren.

FISCH-BURGER

SCHNELL

FÜR DEN FISCH

8 EL Panko (jap. Semmelbrösel)
4 EL Dinkelmehl (Type 630)
Salz
Pfeffer
2 Eier (M)
400 g Fischfilet (z. B. Kabeljau,
    Rotbarsch, Seelachs)
4 EL Butterschmalz

FÜR DIE BURGER

⅔ Salatgurke
Salz
1 rote Chilischote
6 EL vegane Mayonnaise
2 Knoblauchzehen
4 Burger-Brötchen (am besten
    Vollkorn)

GUT ZU WISSEN

Panko, die japanische Variante der Semmelbrösel, macht Paniertes besonders knusprig. Damit erspart man sich das Frittieren in reichlich Fett.

FISCH: Panko und Mehl getrennt in zwei Schüsseln füllen, das Mehl mit Salz und Pfeffer würzen. Die Eier in einer dritten Schüssel verquirlen. Den Fisch kalt abbrausen, trocken tupfen und eventuell verbliebene Gräten entfernen. Das Filet dann in 4 Stücke schneiden. Die Stücke zuerst im Mehl, dann in der Eiermasse und zuletzt im Panko wenden.

BURGER: Die Gurke waschen und mit einem Sparschäler längs in dünne Streifen schneiden, dabei das Kerngehäuse aussparen. Die Streifen in einem Sieb mit ½ TL Salz mischen, leicht durchkneten und ziehen lassen.

Die Chilischote waschen, halbieren, weiße Trennwände und Kerne entfernen. Die Hälften fein hacken und mit der Mayonnaise verrühren. Den Knoblauch schälen und dazupressen. Die Mayonnaise mit Salz würzen.

Die Burger-Brötchen waagerecht halbieren und die Schnittflächen in einer heißen großen Pfanne nacheinander anrösten.

FERTIGSTELLEN: Das Butterschmalz in der Pfanne erhitzen und die Fischstücke darin bei mittlerer Hitze von jeder Seite in ca. 5 Min. goldgelb braten. Herausnehmen und auf Küchenpapier entfetten. Die Schnittflächen der Brötchen mit der Mayonnaise bestreichen und je 1 Fischfilet auf die Böden legen. Die Gurkenstreifen leicht ausdrücken und daraufschichten. Die Deckel auflegen und die Burger servieren.

VEGGIE-BURGER 🌿

GUT VORZUBEREITEN

FÜR DIE PATTYS

*1 Dose Kidneybohnen (250 g Ab-
tropfgewicht)*
60 g zarte Haferflocken
20 g Vollkorn-Weizenmehl
4 EL Olivenöl
3 TL gemahlener Kreuzkümmel
1 TL granulierter Knoblauch
Salz

FÜR DIE BURGER

2 Tomaten
1 rote Zwiebel
4 Salatblätter
*4 Burger-Brötchen (am besten
Vollkorn)*
4 EL vegane Mayonnaise

HALTBARKEITS-TIPP

Die Pattys sind ideal für Meal
Prep, denn sie lassen sich prima auf Vorrat braten und tiefkühlen – auch in größerer Men-
ge. Bei Bedarf dann einfach
antauen lassen, in einer heißen
Pfanne knusprig aufbacken
und auf die Burger legen.

PATTYS: Kidneybohnen in ein Sieb abgießen, abspülen und
abtropfen lassen. Die Bohnen dann in einem hohen Rührbecher mit einem Pürierstab grob pürieren. Haferflocken,
Mehl, 2 EL Öl, Kreuzkümmel, Knoblauch und ½ TL Salz unterrühren. Aus der Masse mit angefeuchteten Händen 6 flache
Pattys formen. Diese ca. 1 Std. abgedeckt kühlen.

BURGER: Tomaten waschen, in Scheiben schneiden und dabei den Stielansatz entfernen. Zwiebel schälen und in dünne
Scheiben schneiden. Salat waschen, trocken schleudern und
die Blätter in Brötchengröße zerpflücken.

Die Burger-Brötchen waagerecht halbieren und die Schnittflächen in einer heißen großen Pfanne nacheinander anrösten.

FERTIGSTELLEN: Das restliche Öl (2 EL) in der Pfanne erhitzen und 4 Pattys darin bei mittlerer Hitze von jeder Seite in
4–5 Min. knusprig braten. Inzwischen die Schnittflächen der
Brötchen mit der Mayonnaise bestreichen und die Salatblätter
auf den Böden verteilen. Je 1 gebratenes Patty, 2 Tomaten-
scheiben und einige Zwiebelringe daraufschichten. Die Deckel auflegen und servieren. Die übrigen 2 Pattys ebenso braten und anderweitig verwenden oder tiefkühlen.

Für 4 Personen • 35 Min. Zubereitung • 8 Std. Marinieren • Pro Portion ca. 470 kcal, 14 g EW, 13 g F, 67 g KH

MÖHREN-HOTDOG 🌿

VEGAN

4 Möhren (à 100 g)
100 ml Sojasauce
50 ml Ahornsirup
1 TL granulierter Knoblauch
½ TL geräuchertes Paprika-
  pulver
1 rote Zwiebel
½ Limette
Salz
150 g Gewürzgurken (Glas)
2 EL Öl
4 Hotdog-Brötchen (am besten
  Vollkorn)
2 EL vegane Mayonnaise

1 Möhren schälen und in eine würstchenähnliche Form schneiden. Sojasauce, Ahornsirup, Knoblauch und Paprikapulver verrühren. Möhren und Marinade in einer Frischhaltebox mit Deckel gut vermischen, verschließen und ca. 8 Std. im Kühlschrank marinieren.

2 Zwiebel schälen, halbieren und in feine Streifen schneiden. Limette auspressen. Zwiebel, Limettensaft und 1 TL Salz mischen und kurz durchkneten. Die Gurken fein würfeln und untermischen. Das Relish abgedeckt ebenfalls ca. 8 Std. im Kühlschrank durchziehen lassen.

3 Die Möhren-Würstchen aus der Marinade nehmen und trocken tupfen. Öl in einer Pfanne erhitzen und die Möhren darin bei mittlerer Hitze rundum ca. 10 Min. braten. Brötchen auf einem Toaster erwärmen und längs aufschneiden. Die Schnittflächen mit Mayonnaise bestreichen, je 1 Möhren-Würstchen darauflegen und ein Viertel vom Relish daraufschichten. Leicht zusammenklappen und servieren.

Für 4 Personen • 30 Min. Zubereitung • 30 Min. Marinieren • Pro Portion ca. 470 kcal, 23 g EW, 13 g F, 59 g KH

BÁNH MÌ MIT GARNELEN

AUS VIETNAM

1 Möhre
½ Salatgurke
200 ml Apfelessig
1 EL Rohrohrzucker
Salz
1 Bio-Limette
100 g Joghurt (10 % Fett)
3 EL Sriracha-Sauce
250 g rohe geschälte Riesen-
    garnelen
2 EL Öl
4 Stängel Koriandergrün
4 Hotdog-Brötchen (am besten
    Vollkorn)

1 Möhre schälen, Gurke waschen. Beide mit einem Sparschäler längs in dünne Scheiben schneiden. Essig, Zucker und 2 TL Salz verrühren. Gemüsescheiben und Marinade gut vermischen und mindestens 30 Min. durchziehen lassen.

2 Limette heiß abwaschen und abtrocknen. Die Schale abreiben, die Frucht vierteln. Joghurt, Sriracha-Sauce und Limettenschale verrühren. Garnelen abbrausen, trocken tupfen und salzen. In einer Pfanne im heißen Öl bei großer Hitze rundum ca. 8 Min. braten.

3 Inzwischen das Gemüse in einem Sieb abtropfen lassen. Koriandergrün waschen, trocken schütteln und die Blätter abzupfen. Brötchen auf einem Toaster erwärmen und längs aufschneiden. Die Schnittflächen mit der Sauce bestreichen, je 2 Garnelen darauflegen und ein Viertel der Gemüsestreifen daraufschichten. Mit dem Koriandergrün bestreuen, leicht zusammenklappen und servieren.

FISH & CHIPS VOM BLECH

KLASSIKER

FÜR CHIPS UND FISCH

1,2 kg mehligkochende Kartoffeln
7 EL. Öl
Salz
8 EL Semmelbrösel
4 EL Dinkelmehl (Type 630)
Pfeffer
2 Eier (M)
400 g Fischfilet (z. B. Kabeljau,
*   Rotbarsch, Seelachs)*
4 Zitronenspalten

FÜR DIE SAUCE

100 g Cornichons (Glas)
100 g vegane Mayonnaise
1 EL Cornichonsud (Glas)
Pfeffer

CHIPS: Die Kartoffeln waschen, in Stifte schneiden und ca. 30 Min. in kaltes Wasser legen. Den Backofen auf 200° (Umluft) vorheizen, zwei Backbleche mit Backpapier belegen. Die Kartoffelstifte in ein Sieb abgießen und mit Küchenpapier gut trocken tupfen. In einer großen Schüssel mit 3 EL Öl und 1 Prise Salz vermischen. Die Kartoffeln dann nebeneinander in einer Lage auf einem Blech verteilen und im Ofen (unten) ca. 25 Min. backen. Danach einmal wenden.

FISCH: Inzwischen Semmelbrösel und Mehl getrennt in zwei Schüsseln füllen, das Mehl mit Salz und Pfeffer würzen. Die Eier in einer dritten Schüssel verquirlen. Den Fisch kalt abbrausen, trocken tupfen und eventuell verbliebene Gräten entfernen. Dann in 4 Stücke schneiden.

Die Fischstücke zuerst im Mehl, dann in der Eimischung und zuletzt in den Bröseln wenden. Die Panade ca. 10 Min. antrocknen lassen, danach rundum dünn mit dem restlichen Öl (4 EL) bestreichen. Den Fisch auf das zweite Blech legen und zu den Kartoffeln in den Ofen (oben) schieben. Beides in ca. 20 Min. goldbraun backen.

SAUCE: Die Cornichons abtropfen lassen und fein hacken. Mit Mayonnaise und Cornichonsud verrühren und die Sauce mit Pfeffer würzen. Fisch und Kartoffeln auf vier Tellern anrichten. Mit Zitronenspalten und der Sauce servieren.

Für 4 Personen • 25 Min. Zubereitung • 1 Std. Backen • Pro Portion ca. 760 kcal, 26 g EW, 36 g F, 84 g KH

OFEN-SÜSSKARTOFFEL MIT MAIS-TOPPING 🍃

SCHARF

4 mittelgroße Süßkartoffeln
 (à 350 g)
2 EL Olivenöl
Salz
2 rote Chilischoten
1 Bio-Limette
100 g geriebener Cheddar (ersatzweise Emmentaler)
300 g Schafskäse (Feta)
½ Bund Koriandergrün
3 vorgegarte Maiskolben (600 g,
 vakuumverpackt)
2 EL Butter
2 Knoblauchzehen
Pfeffer

GUT ZU WISSEN

Wer nicht so scharf essen
möchte, verwendet für das
Topping nur 1 Chilischote.
Freunde von feuriger Schärfe
dagegen dürfen die Schoten
gerne samt Kernen hacken.
Die machen das Topping nämlich besonders »hot«.

1 Den Backofen auf 200° vorheizen, ein Backblech mit Backpapier belegen. Die Süßkartoffeln waschen, trocknen und rundherum mit einem Messer einstechen. Die Knollen auf das Backblech legen, die Schale dünn mit Olivenöl bestreichen und leicht salzen. Im Ofen (Mitte) 50–60 Min. backen.

2 Inzwischen die Chilis waschen, halbieren, weiße Trennwände und Kerne entfernen. Die Hälften fein hacken. Limette heiß abwaschen und abtrocknen. Die Schale fein abreiben, den Saft auspressen. Cheddar, Chilis, Limettenschale und -saft mischen. Schafskäse grob zerbröseln. Koriandergrün waschen, trocken schütteln und die Blätter fein schneiden.

3 Die Maiskolben senkrecht auf die Arbeitsfläche stellen, die Körner mit einem scharfen Messer längs abschneiden und grob hacken. Die Butter in einer Pfanne erhitzen und die Maiskörner darin ca. 6 Min. anbraten. Knoblauch schälen und dazupressen. Den Mais mit Salz und Pfeffer würzen.

4 Die Süßkartoffeln aus dem Ofen nehmen und der Länge nach aufschneiden, jedoch nicht durchtrennen. Jeweils 2–3 EL Fruchtfleisch herauslösen und unter die Cheddarmischung rühren. Die Masse dann in die Süßkartoffeln füllen. Mais und Schafskäse darauf verteilen. Die Süßkartoffeln mit Koriandergrün bestreuen und sofort servieren.

GEMÜSE-PITA 🌿

EINFACH

400 g Zucchini
250 g rote Spitzpaprika
5 EL Olivenöl
1 TL gemahlener Koriander
Salz
Pfeffer
½ Salatgurke
150 g Joghurt (3,8 % Fett)
1 Knoblauchzehe
½ Bund Petersilie
250 g Halloumi
4 Pita-Brote (am besten Vollkorn)

1 Den Backofen auf 220° vorheizen, ein Backblech mit Backpapier belegen. Zucchini waschen und putzen. Paprika waschen, vierteln, weiße Trennwände und Kerne entfernen. Zucchini und Paprika in mundgerechte Stücke schneiden. Die Gemüsestücke in einer Schüssel mit 3 EL Olivenöl, Koriander, Salz und Pfeffer mischen. Dann auf dem Backblech verteilen und im Ofen (Mitte) ca. 30 Min. garen.

2 Inzwischen die Gurke waschen und grob raspeln. Die Gurkenraspel mit dem Joghurt verrühren. Den Knoblauch schälen und dazupressen. Die Sauce mit Salz und Pfeffer würzen. Die Petersilie waschen und trocken schütteln. Die Blätter fein hacken und unter die Sauce rühren.

3 Den Halloumi längs halbieren und quer in 5 mm breite Streifen schneiden. Das restliche Öl (2 EL) in einer Pfanne erhitzen und die Halloumistreifen darin portionsweise von beiden Seiten in 6–8 Min. knusprig anbraten. Mit Pfeffer würzen.

4 Das Gemüse aus dem Ofen nehmen. Die Pita-Brote im Toaster rösten und öffnen. Die Taschen mit etwas Sauce ausstreichen und mit Ofengemüse und Halloumi füllen. Mit der restlichen Sauce beträufeln und sofort servieren.

Für 4 Personen • 25 Min. Zubereitung • 8 Min. Backen • Pro Portion ca. 510 kcal, 21 g EW, 31 g F, 35 g KH

BRUSCHETTA-BAGUETTE 🌿

GÜNSTIG

300 g Kirschtomaten
60 g schwarze Oliven (ent-
   steint)
½ rote Zwiebel
Salz
Pfeffer
2 Kugeln Mozzarella (à 125 g)
2 Baguettes (à 150 g; am bes-
   ten Dinkel oder Vollkorn)
4 EL Olivenöl
1 Bund Basilikum

1 Den Backofen auf 220° vorheizen, ein Backblech mit Backpapier belegen. Die Tomaten waschen und vierteln. Die Oliven hacken. Die Zwiebel schälen und in feine Streifen schneiden. Tomaten, Oliven und Zwiebelstreifen mischen, mit Salz und Pfeffer würzen.

2 Den Mozzarella abtropfen lassen. Die Baguettes waagerecht halbieren und die Schnittflächen jeweils mit 1 EL Olivenöl beträufeln. Den Mozzarella halbieren, die Hälften grob zerpflücken und auf jeweils 1 Baguettehälfte streuen. Die Baguettes auf das Backblech legen und im heißen Ofen (Mitte) ca. 8 Min. überbacken.

3 Das Basilikum waschen und trocken schütteln. Die Blätter grob schneiden und unter die Tomatenmischung rühren. Die überbackenen Baguettes aus dem Ofen nehmen, die Tomatenmischung darauf verteilen und sofort servieren.

Für 4 Personen • 35 Min. Zubereitung • Pro Portion ca. 625 kcal, 21 g EW, 26 g F, 73 g KH

BAMI GORENG 🌿

AUS INDONESIEN

250 g Mie-Nudeln
6 EL Sojasauce
6 EL Ahornsirup
4 EL Tomatenmark
4 TL geröstetes Sesamöl
4 Knoblauchzehen
900 g Wirsing (ersatzweise
  Chinakohl, Spitzkohl)
½ Bund Koriandergrün
5 EL Öl
Salz
4 Eier (M)
4 TL Limettensaft (nach Belie-
  ben; ersatzweise Chilisauce)

1 Mie-Nudeln nach Packungsanleitung in kochendem Wasser garen. In ein Sieb abgießen und kalt abspülen. Sojasauce, Ahornsirup, Tomatenmark, Sesamöl und 8 EL Wasser verrühren. Knoblauch schälen und dazupressen. Wirsing putzen, vierteln und den Strunk entfernen. Die Viertel waschen und in feine Streifen schneiden. Koriandergrün waschen, trocken schütteln und die Blätter grob hacken.

2 In einem Wok oder einem weiten Topf 3 EL Öl erhitzen und den Wirsing darin 2–3 Min. unter Rühren anbraten. Die Sauce dazugießen und ca. 5 Min. weitergaren. Die Nudeln einrühren und kurz in der Sauce erwärmen. Mit Salz abschmecken.

3 Das restliche Öl (2 EL) in einer Pfanne erhitzen und die Eier darin zu Spiegeleiern braten. Mit Salz würzen. Die Nudeln in vier Schalen anrichten und jeweils 1 Spiegelei darauflegen. Mit dem Koriandergrün bestreuen und nach Belieben mit Limettensaft beträufeln.

Dieses Rezept zeigt, wie sich ein Fastfood-Klassiker gesünder zubereiten lässt. Tauscht man das Schweinefleisch gegen mageres Hähnchenfilet, spart man nämlich viel Fett und reichlich Kalorien. Auch die Zubereitung erfordert weniger Zeit. Denn während das Fleisch für Pulled Pork mehrere Stunden garen muss, ist es hier in gut 1 Stunde fertig.

Für 4 Personen • 30 Min. Zubereitung • 1 Std. 10 Min. Garen • Pro Portion ca. 380 kcal, 26 g EW, 10 g F, 45 g KH

PULLED-CHICKEN-SANDWICH

AUS DEN USA

FÜR DAS PULLED CHICKEN

200 g Ananas
2 kleine Zwiebeln
1 ½ EL Öl
70 ml BBQ-Sauce
Salz
Pfeffer
300 g Hähnchenbrustfilet

FÜR DEN KRAUTSALAT

500 g Spitzkohl
1 EL Rohrohrzucker
Salz
½ Bio-Zitrone
70 g Möhren
3 EL griechischer Joghurt
    (10 % Fett)
Pfeffer

AUSSERDEM

4 Burger-Brötchen (am besten
    Vollkorn)

PULLED CHICKEN: Ananas schälen und den Strunk entfernen. Das Fruchtfleisch würfeln und pürieren. Zwiebeln schälen und in Würfel schneiden. Das Öl in einem Topf erhitzen und die Zwiebeln darin glasig dünsten. Pürierte Ananas, BBQ-Sauce und 180 ml Wasser einrühren. Die Sauce mit Salz und Pfeffer würzen und aufkochen. Das Hähnchenfilet mit Küchenpapier trocken tupfen, in die Sauce legen und zugedeckt bei mittlerer Hitze ca. 1 Std. 10 Min. köcheln lassen.

KRAUTSALAT: Inzwischen den Spitzkohl putzen, vierteln und den Strunk entfernen. Die Viertel waschen und in feine Streifen schneiden. Zucker und 1 EL Salz untermischen und den Kohl mit den Händen ca. 3 Min. kräftig durchkneten. Zitrone heiß abwaschen und abtrocknen. 1 TL Schale abreiben, den Saft auspressen. Möhren schälen und fein raspeln. Zitronenschale und -saft, Möhren und Joghurt unter den Kohl rühren. Den Salat mit Salz und Pfeffer abschmecken.

FERTIGSTELLEN: Das Hähnchenfilet aus der Sauce nehmen und diese nach Belieben noch in ca. 10 Min. cromig einkochen lassen. Das Fleisch mit zwei Gabeln zerpflücken und zurück in die Sauce geben. Die Brötchen waagerecht aufschneiden, jedoch nicht ganz durchtrennen. Pulled Chicken und Krautsalat hineinfüllen, leicht zusammenklappen und servieren.

HÄHNCHEN-GYROS MIT ZAZIKI

EINFACH

FÜR DAS ZAZIKI
⅔ Salatgurke
400 g griechischer Joghurt
  (10 % Fett)
1 Knoblauchzehe
Salz
Pfeffer

FÜR DAS GYROS
600 g Hähnchenbrustfilet
2 TL edelsüßes Paprikapulver
1 TL gemahlener Koriander
5 TL getrockneter Oregano
Salz
Pfeffer
280 g Zwiebeln
4 EL Olivenöl

ZAZIKI: Die Gurke waschen und auf einer Gemüsereibe grob in ein Sieb raspeln. Das Wasser leicht herausdrücken und die Gurkenraspel in eine Schüssel geben. Den Joghurt untermischen. Den Knoblauch schälen und dazupressen. Das Zaziki zuletzt mit Salz und Pfeffer würzen.

GYROS: Das Hähnchenfilet mit Küchenpapier trocken tupfen und quer in dünne Streifen schneiden. Die Streifen mit Paprikapulver, Koriander, Oregano, Salz und Pfeffer vermischen. Die Zwiebeln schälen, halbieren und in Streifen schneiden. Das Öl in einer Pfanne erhitzen und die Fleischstreifen darin bei mittlerer Hitze ca. 5 Min. anbraten. Dann die Zwiebeln zugeben und ca. 5 Min. mitbraten.

FERTIGSTELLEN: Das Hähnchen-Gyros auf vier Tellern anrichten und sofort servieren. Das Zaziki dazu reichen.

UND DAZU
Knusprig geröstetes Fladenbrot oder gebratene Kartoffelspalten sind die perfekte Beilage zu diesem leichten Gyros.

SÜSSES & GEBÄCK

HEISSE APFELTASCHEN 🍃

KLASSIKER

500 g säuerliche Äpfel
25 g Butter
1 TL Zimtpulver
½ Bio-Zitrone
Salz
1 ½ EL Speisestärke
1 Rolle frischer Butter-Blätterteig
(280 g, aus dem Kühlregal)
1 Ei (M)

GUT ZU WISSEN

Butter-Blätterteig enthält kein Palmöl – im Unterschied zu anderem frischen Blätterteig. Deshalb ist er die erste Wahl für diese rasch zubereiteten Apfeltaschen.

1 Die Äpfel schälen, vierteln und entkernen. Die Viertel dann fein würfeln. Die Butter in einem Topf erhitzen, Apfelwürfel und Zimt darin bei mittlerer Hitze 3–4 Min. anbraten.

2 Inzwischen die Zitrone heiß abwaschen und abtrocknen. 2 TL Schale abreiben, den Saft auspressen. Zitronenschale und -saft und 1 Prise Salz zu den Äpfeln geben. Die Speisestärke mit 1–2 EL Wasser verrühren, dann mit 150 ml Wasser zu den Äpfeln gießen. Gut unterrühren und die Äpfel bei kleiner Hitze ca. 5 Min. weiterköcheln lassen. Dann abkühlen lassen.

3 Den Backofen auf 220° vorheizen. Den Blätterteig samt Backpapier auf der Arbeitsfläche entrollen und in 10 Rechtecke (8 × 12 cm) schneiden. Die Apfelfüllung auf 5 Rechtecke verteilen, dabei jeweils rundum einen schmalen Rand lassen. Die Füllung mit den restlichen 5 Teigstücken abdecken. Die Ränder zusammendrücken und rundum mit einer Gabel nochmals festdrücken, sodass ein dekoratives Muster entsteht.

4 Das Ei verquirlen und die Taschen dünn damit bestreichen. Die Oberseite der Taschen mit einer Messerspitze mehrmals einstechen. Die Apfeltaschen mit dem Backpapier auf ein Backblech ziehen und im Ofen (Mitte) in ca. 22 Min. goldbraun backen. Herausnehmen und warm servieren oder auf einem Kuchengitter auskühlen lassen.

Für 4 Personen • 20 Min. Zubereitung • 5 Std. Tiefkühlen • Pro Portion ca. 765 kcal, 25 g EW, 51 g F, 46 g KH

SALTED-PEANUT-SHAKE 🌿

GUT VORZUBEREITEN

4 Bananen
2 EL Erdnüsse (gesalzen)
50 g dünne Zartbitter-Schoko-
  ladentäfelchen
200 g aufschlagbare Kokos-
  creme (ersatzweise auf-
  schlagbare Sojacreme)
250 g Erdnussmus
2 EL Kakaopulver
Meersalz
600 ml Haferdrink (ersatzweise
  Sojadrink)

AUSSERDEM
1 Spritzbeutel mit großer
  Lochtülle

1 Die Bananen schälen und in Scheiben schneiden. Die Scheiben in einen Gefrierbeutel füllen, verschließen und ca. 5 Std. tiefkühlen.

2 Die Erdnüsse grob hacken. Die Schokolade in grobe Stücke brechen. Die Kokoscreme in einer Schüssel mit dem Handrührgerät steif schlagen. In den Spritzbeutel füllen und bis zur Verwendung kühlen.

3 Tiefgekühlte Bananen, Erdnussmus, Kakaopulver, 1 Prise Meersalz und Haferdrink in einen Mixer geben und cremig pürieren. Den Milchshake in vier große Gläser füllen und die Kokossahne als Häubchen daraufspritzen. Den Shake mit gehackten Erdnüssen und Schokoladenstücken dekorieren. Mit Trinkhalmen servieren.

Für 4 Personen • 20 Min. Zubereitung • 5 Std. Tiefkühlen • Pro Portion ca. 240 kcal, 4 g EW, 1 g F, 51 g KH

BUNTER SMOOTHIE 🌿

VEGAN

4 Bananen
1 Mango (500 g)
1 Stück Ingwer (3 cm lang)
5 Datteln (entsteint)
6 Erdbeeren
100 g Baby-Blattspinat
650 ml Orangensaft

1 Bananen schälen und in Scheiben schneiden. Mango ebenfalls schälen, das Fruchtfleisch vom Stein schneiden und würfeln. Bananenscheiben und Mangowürfel in einem Gefrierbeutel mischen, verschließen und ca. 5 Std. tiefkühlen.

2 Ingwer schälen und fein reiben. Datteln klein würfeln. Erdbeeren waschen, putzen und längs in dünne Scheiben schneiden. Spinat waschen und trocken schleudern.

3 Bananen-Mango-Mix, Ingwer, Datteln und 600 ml Orangensaft in einen Mixer geben und cremig pürieren. Die Hälfte davon in vier große Gläser füllen. Die Erdbeerscheiben über dem gelben Smoothie senkrecht an den Glasrand drücken, sodass von außen ein Band erkennbar ist. Dann Spinat, übrigen Orangensaft (50 ml) und restlichen Smoothie cremig mixen. Den grünen Smoothie vorsichtig in die Gläser füllen. Mit Trinkhalmen servieren.

Für 12 Stück • 25 Min. Zubereitung • 25 Min. Backen • Pro Stück ca. 275 kcal, 5 g EW, 17 g F, 25 g KH

DOUBLE-CHOCOLATE-CUPCAKES ❧

FÜR GÄSTE

FÜR DEN TEIG

70 g Kokosöl
2 reife Bananen
2 Eier (M)
70 g Rohrohrzucker
150 g Dinkelmehl (Type 630)
30 g Kakaopulver
2 TL Weinstein-Backpulver
Salz
80 g Zartbitter-Schokotropfen

FÜR DAS TOPPING

2 reife Avocados
½ Banane
40 g Kakaopulver
2 EL Ahornsirup

AUSSERDEM

12er-Muffinform
12 Muffin-Papierförmchen

HALTBARKEITS-TIPP

Die Cupcakes lassen sich prima tiefkühlen. Vor dem Servieren dann auftauen lassen, das Topping frisch zubereiten und auf die Küchlein streichen.

TEIG: Den Backofen auf 180° vorheizen, die Papierförmchen in die Mulden der Muffinform setzen. Das Kokosöl schmelzen. Die Bananen schälen und in einer Schüssel mit einer Gabel fein zerdrücken. Geschmolzenes Kokosöl, Eier und Zucker zugeben und alles glatt verrühren. Mehl, Kakaopulver, Backpulver und 1 Prise Salz mischen und mit einem Schneebesen unter die Bananenmasse rühren. Die Schokotropfen kurz unterrühren. Den Teig gleichmäßig in die Förmchen füllen und im Ofen (Mitte) 20–25 Min. backen.

TOPPING: Inzwischen die Avocados halbieren, entsteinen und das Fruchtfleisch aus der Schale lösen. Die Banane schälen. Avocadofruchtfleisch und Banane in einem Rührbecher grob zerdrücken. Kakaopulver und Ahornsirup zugeben und alles mit einem Pürierstab glatt mixen. Das Topping bis zur Verwendung abgedeckt kühlen.

FERTIGSTELLEN: Die Muffins aus dem Ofen nehmen und auf einem Kuchengitter leicht abkühlen lassen. Dann aus der Form lösen und auf dem Gitter vollständig auskuhlen lassen. Das Topping daraufstreichen und servieren.

Für 16 Stück • 15 Min. Zubereitung • 15 Min. Ruhen • 22 Min. Backen • Pro Stück ca. 175 kcal, 3 g EW, 11 g F, 16 g KH

WALNUSS-COOKIES

EINFACH

100 g Walnusskerne
120 g weiche Butter
90 g Rohrohrzucker
1 Pck. Vanillezucker
Salz
1 Ei (M)
150 g Vollkorn-Dinkelmehl
70 g Dinkelmehl (Type 630)
1 TL Weinstein-Backpulver

1 Die Walnüsse grob hacken. Butter, Zucker, Vanillezucker und 1 Prise Salz in einer Rührschüssel mit den Rührbesen des Handrührgeräts cremig rühren. Das Ei einrühren. Beide Mehlsorten, Backpulver und gehackte Walnüsse mischen. Die Mehlmischung kurz unter die Buttermasse rühren. Den Teig dann ca. 15 Min. ruhen lassen.

2 Inzwischen den Backofen auf 180° vorheizen, zwei Backbleche mit Backpapier belegen. Vom Teig etwa golfballgroße Portionen abnehmen und rund rollen. Die Kugeln auf das Backblech setzen und zu ca. 1 cm dicken Kreisen flach drücken.

3 Die Cookies nacheinander im Ofen (Mitte) jeweils ca. 11 Min. backen. Herausnehmen und warm servieren. Alternativ die Cookies auf einem Kuchengitter vollständig auskühlen lassen und zum Aufbewahren in eine gut schließende Dose schichten.

Für 12 Stück • 15 Min. Zubereitung • 25 Min. Backen • Pro Stück ca. 215 kcal, 5 g EW, 7 g F, 32 g KH

BANANEN-HAFER-MUFFINS ❦

FÜR KINDER

70 g Butter
3 Bananen
1 Ei (M)
90 g Rohrohrzucker
1 Pck. Vanillezucker
150 g Dinkelmehl (Type 630)
190 g zarte Haferflocken
Salz
2 ½ TL Weinstein-Backpulver
1 TL Zimtpulver

AUSSERDEM
12er-Muffinform
12 Muffin-Papierförmchen

1 Den Backofen auf 200° vorheizen, die Papierförmchen in die Mulden der Muffinform setzen. Butter schmelzen, Bananen schälen und fein zerdrücken. 50 g geschmolzene Butter, Bananenmus, Ei, 70 g Zucker und Vanillezucker in einer Schüssel glatt verrühren. Mehl, 140 g Haferflocken, Salz und Backpulver mischen. Die Mehlmischung mit einem Schneebesen zügig unter die Bananenmasse rühren. Den Teig gleichmäßig in die Förmchen füllen.

2 Restliche geschmolzene Butter (20 g), übrige Haferflocken (50 g) und übrigen Zucker (20 g) in einer Schüssel verrühren. Die Flockenmischung auf den Muffins verteilen.

3 Die Muffins im Ofen (Mitte) ca. 25 Min. backen. Aus dem Ofen nehmen und auf einem Kuchengitter leicht abkühlen lassen. Dann aus der Form lösen und noch warm servieren oder auf dem Gitter vollständig auskühlen lassen.

Für 10 Stück • 25 Min. Zubereitung • 12 Min. Backen • Pro Stück ca. 210 kcal, 4 g EW, 7 g F, 34 g KH

APFEL-ZIMT-DONUTS

SCHNELL

FÜR DEN TEIG

40 g Kokosöl
50 g griechischer Joghurt (10 % Fett)
80 g Apfelmark
100 ml Apfelsaft
1 Ei (M)
100 g Rohrohrzucker
Salz
230 g Dinkelmehl (Type 630)
2 TL Weinstein-Backpulver

FÜR DAS TOPPING

15 g Kokosöl
40 g Rohrohrzucker
1 ½ TL Zimtpulver

AUSSERDEM

1 Spritzbeutel mit großer Lochtülle
12er-Donutform

TEIG: Den Backofen auf 180° vorheizen. Kokosöl schmelzen. Geschmolzenes Öl, Joghurt, Apfelmark, Apfelsaft, Ei, Zucker und 1 Prise Salz in einer Schüssel verrühren. Mehl und Backpulver mischen und mit einem Schneebesen unter die Apfelmasse rühren. Dabei jedoch nicht zu lange rühren.

Den Teig in den Spritzbeutel füllen und in 10 Mulden der Donutform spritzen. Die Donuts im Ofen (Mitte) in ca. 12 Min. goldbraun backen. Herausnehmen und auf einem Kuchengitter ca. 10 Min. abkühlen lassen. Dann aus der Form lösen und auf dem Gitter vollständig auskühlen lassen.

TOPPING: Das Kokosöl schmelzen. Zucker und Zimt in einer Schale sorgfältig vermischen. Die Donuts rundum dünn mit dem geschmolzenen Kokosöl bestreichen und im Zimtzucker wenden. Am besten frisch servieren.

GU CLOU

Klassisch werden Donuts mit butterschwerem He-
feteig zubereitet und in Fett schwimmend ausge-
backen. Lecker, doch nicht gerade gesund! Diese
leichten Donuts aus Rührteig dagegen kommen
mit sehr wenig Fett bei Teig und Topping aus.

Abkürzungsverzeichnis:
E = Eiweiß
EL = Esslöffel
(gestrichen)
F = Fett
kcal = Kilokalorien
KH = Kohlenhydrate
Msp. = Messerspitze
Pck. = Päckchen
TK = Tiefkühl
TL = Teelöffel
(gestrichen)
Ø = Durchmesser

LIEBE LESERINNEN UND LESER,

wir wollen Ihnen mit diesem Buch Informationen und Anregungen geben, um Ihnen das Leben zu erleichtern oder Sie zu inspirieren, Neues auszuprobieren. Wir achten bei der Erstellung unserer Bücher auf Aktualität und stellen höchste Ansprüche an Inhalt und Gestaltung. Alle Anleitungen und Rezepte werden von unseren Autoren, jeweils Experten auf ihren Gebieten, gewissenhaft erstellt und von unseren Redakteur*innen mit größter Sorgfalt ausgewählt und geprüft.

Haben wir Ihre Erwartungen erfüllt? Sind Sie mit diesem Buch und seinen Inhalten zufrieden? Wir freuen uns auf Ihre Rückmeldung. Und wir freuen uns, wenn Sie diesen Titel weiterempfehlen, in Ihrem Freundeskreis oder bei Ihrem Online-Kauf.

Sollten wir Ihre Erwartungen so gar nicht erfüllt haben, tauschen wir Ihnen Ihr Buch jederzeit gegen ein gleichwertiges zum gleichen oder ähnlichen Thema um.

KONTAKT ZUM LESERSERVICE

GRÄFE UND UNZER VERLAG
Grillparzerstraße 12
81675 München
www.gu.de

Projektleitung: Melanie Loser
Lektorat: Petra Teetz
Korrektorat: Adriane Andreas
Gesamtgestaltung: independent Medien-Design, Horst Moser, München
Umschlaggestaltung: ki36 Editorial Design, Sabine Krohberger, München
Herstellung: Gloria Schlayer
Satz: Eberl & Kœsel Studio GmbH, Krugzell
Reproduktion: medienprinzen GmbH, München
Druck und Bindung: Firmengruppe APPL, aprinta Druck, Wemding
Printed in Germany

Ein Unternehmen der
GANSKE VERLAGSGRUPPE

DIE AUTORIN

Anna Walz hat ihre Leidenschaft zum Beruf gemacht. Nach einer Ausbildung zur Konditorin machte sie sich als freie Foodstylistin und Rezeptentwicklerin selbstständig. Sie arbeitet nicht nur für bekannte Zeitschriften, Verlage und Fotografen, sondern schrieb auch bereits mehrere eigene Koch- und Backbücher. Bei GU erschienen von ihr unter anderem die Titel »Ran ans Brot« und »Crispy Snacks«.

DIE FOTOGRAFIN

Katrin Winner verbindet ihre Passion für gutes Essen mit ihrer künstlerischen Kreativität. Seit 2018 betreibt sie ihr eigenes Atelier für Food- und Still-Life-Fotografie in München. An diesem Buch arbeitete sie zusammen mit der Foodstylistin Gerlinde Hans.

Bildnachweis:

Katrin Winner: S. 06–59 und Stepfotos auf den Klappen
Kathrin Koschitzki: Coverfoto
Coco Lang: S. 01, 05 und Stillleben auf den Klappen
Privat: Autorenfoto

Umwelthinweis:

Nachhaltigkeit ist uns sehr wichtig. Der Rohstoff Papier ist in der Buchproduktion hierfür von entscheidender Bedeutung. Daher ist dieses Buch auf PEFC-zertifiziertem Papier gedruckt. PEFC garantiert, dass ökologische, soziale und ökonomische Aspekte in der Verarbeitungskette unabhängig überwacht werden und lückenlos nachvollziehbar sind.

Syndication: www.seasons.agency

Die GU-Homepage finden Sie unter www.gu.de

APPETIT AUF MEHR?

DIE »GU KOCHEN PLUS«-APP

1 APP HERUNTERLADEN

Laden Sie die kostenlose »GU Kochen Plus«-App im Apple App Store oder im Google Play Store auf Ihr Smartphone. Starten Sie die App und wählen Sie Ihren Küchenratgeber aus.

2 REZEPTBILD SCANNEN

Scannen Sie das gewünschte Rezeptbild mit der Kamera Ihres Smartphones. Klicken Sie im Display die Funktion Ihrer Wahl.

3 FUNKTIONEN NUTZEN

Sammeln Sie Ihre Lieblingsrezepte. Speichern und verschicken Sie Ihre Einkaufslisten. Oder nutzen Sie den praktischen Supermarkt-Finder und den Rezept-Planer.